ZENSHO W. KOPP

La radiante claridad de la Mente

En lo profundo de nuestro corazón, el sol radiante de la conciencia absoluta es la presencia eterna de lo Divino dentro de nosotros. Aquellos que no conocen este espacio interior en el fondo de nuestro ser han perdido lo esencial de la vida.

Nada debería ser más importante en nuestras vidas que el conocimiento de este nuestro Ser Verdadero sin nacimiento, sin muerte.

Todos los seres humanos, sin saber lo que realmente buscan, están buscando de la felicidad absoluta.

Y cuando tu Verdadero Sí-Mismo, la pura felicidad divina, estalla dentro de ti, te das cuenta de que todo lo que antes creías que era felicidad era ilusión.

La naturaleza original de la propia mente está libre de procesos de pensamiento de percepción dualista. No hay ni fijación ni objetivación de un sentido-objeto por parte de la mente. Todo se percibe como una vastedad completamente vacía.

En la experiencia de la iluminación de la mente separada de todo, esta ilimitada vastedad se revela como la eterna igualdad del Ser completo.

Sufres porque buscas la experiencia del ser, la realización del significado y la paz interior en el mundo exterior de los objetos.

Pero mientras estés convencido de que puedes encontrar algo en el exterior que te dará más ser y satisfacción duradera, dependerás como víctima de sus ilusiones de factores externos.

Nada importa ante la presencia de la muerte. La muerte es la realidad absoluta y puede llegar en cualquier momento, sin previo aviso.

Por lo tanto, es una gran tragedia desperdiciar tu vida en una rutina sin sentido y en una inconsciencia indiferente con preocupaciones triviales.

La no-distracción es el noble camino de todos los Budas: pasado, presente y futuro. Así dondequiera que estés y lo que estés haciendo en cualquier momento, permanece en el actual estado de presencia consciente de tu Verdadero Sí-Mismo inalterable.

El mayor obstáculo para conocer nuestra Verdadera Naturaleza es la creencia de que ya sabemos quiénes somos realmente.

Sin embargo, todo lo que piensas que eres no son más que conceptos vacíos y muertos. No se trata de un conocimiento real, sino de un autoengaño.

La gente tiene muchas excusas para no comprometerse con la verdad de la vida y la muerte.

Así que toda su vida pasa en una inconsciencia indiferente, llena de ilusiones e inanidades. Al final, en el momento de la muerte, se aferran a su concepto de la realidad absoluta del yo y la idolatría del pensamiento en el samsara, el ciclo de la existencia del nacimiento y la muerte.

Toda la vida es un misterio inexplicable y maravilloso. Lo que la vida y la conciencia son realmente está más allá de toda explicación y definición. Cualquier cosa que pudiera decirse sobre ello no tendría sentido.

Entonces, ¿por qué tratar de explicar la belleza de una flor?

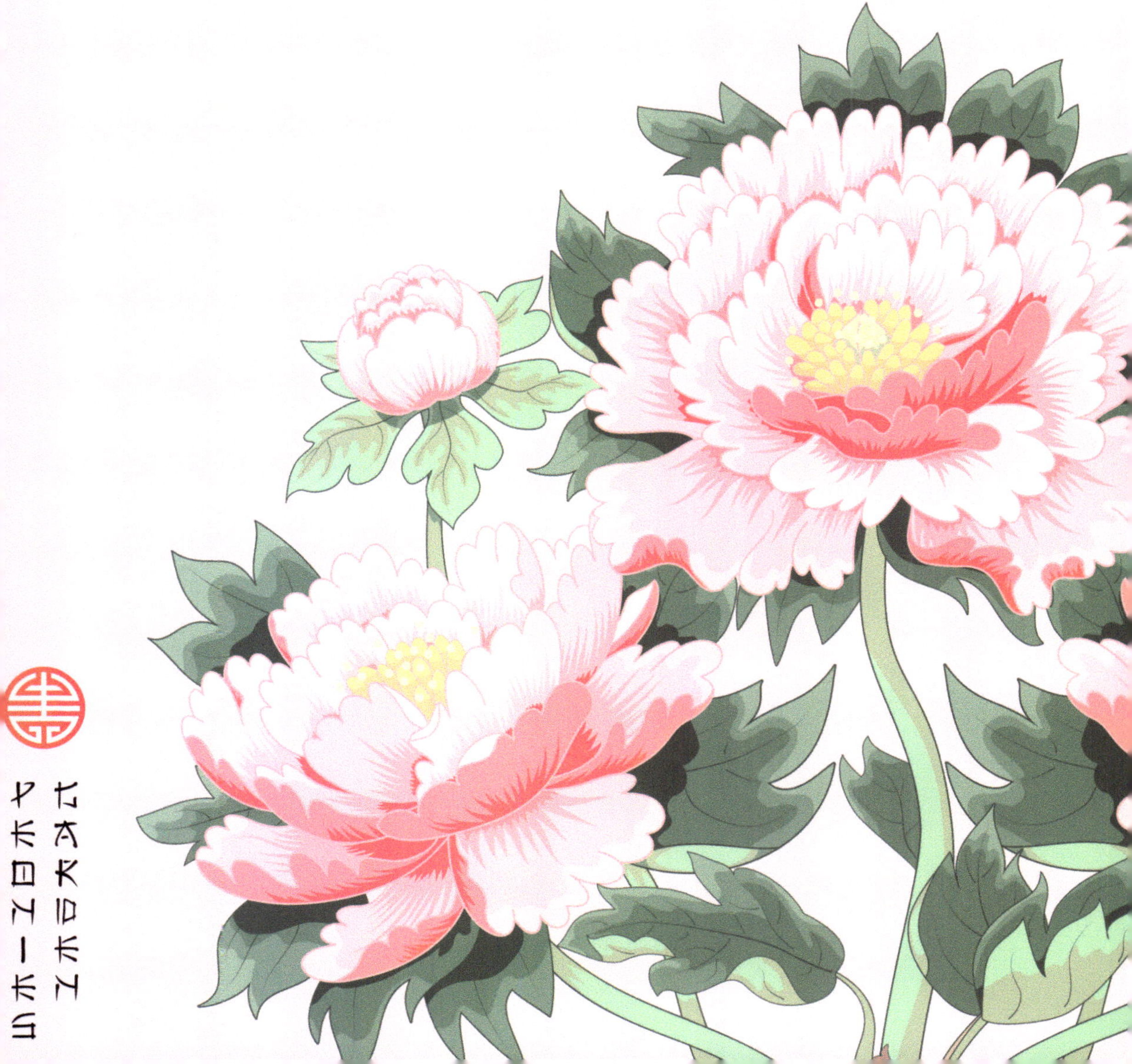
GARDEN
PEONIES

Uno que vive en la verdad del Zen no necesita seguir ninguna regla externa. Vive su vida libre, sin ataduras, naturalmente en armonía con el cielo y la tierra. En medio del ajetreo del mundo, habita siempre en la claridad consciente y la firmeza de la Mente. Este es el Zen del loto de fuego, el loto que no arde en el fuego del samsara.

Detenerse en las experiencias pasadas y recordarlas una y otra vez es completamente inútil. El pasado se ha ido irrevocablemente, y el luto por los momentos hermosos y experimentados solo causa arrepentimiento y sufrimiento innecesario.

Pero en la constante conciencia de la inmediatez del momento presente, dejamos ir el pasado y encontramos la paz dentro de nosotros mismos.

Los logros, el prestigio y las posesiones no son lo que nos puede dar una felicidad y una satisfacción duraderas. Todo esto es transitorio como burbujas en el espacio vacío.

La verdadera felicidad se encuentra solo en lo imperecedero, en el Ser eterno, revelado en la presencia absoluta del aquí y ahora.

La verdadera devoción y adoración a la Divinidad es mucho más que la creencia comúnmente sostenida en una concepción dualista de un Dios imaginado y de hermosos sentimientos indulgentes.

Más bien, son un silencioso y misterioso movimiento del corazón desde la conciencia superior de la presencia interior de la Divinidad.

El objetivo final de todos los caminos espirituales es que al volver a nuestro origen divino lleguemos a un completo olvido de nosotros mismos y de todas las cosas. Esto significa hundirse en el espacio interior de nuestro corazón y disolverse en la luz ilimitada de la conciencia absoluta.

Es el regreso al estado original de nuestro Ser Verdadero.

En la meditación Zen, no importa si los pensamientos se elevan o no. Lo esencial es que no los sigamos y nos dispersemos, ni intentemos suprimirlos por la fuerza.

Simplemente, en la conciencia no intencional de la mente, dejemos que los pensamientos vengan y vayan sin referencia. De esta manera se reconocen en su naturaleza vacía y la meditación ocurre por sí misma.

La ignorancia espiritual de un hombre es tan grande como esté condicionado, y por lo tanto limitado, su pensamiento, y corresponde a su apego a la red de recuerdos de su pasado ya muerto. Pero la identificación con la memoria es el apego, es el remanente de experiencias pasadas impresas en la conciencia.

Solo cuando te sumerges en el océano de la sabiduría, en la inmensidad ilimitada de la Mente Única, solo entonces sabes cuál es la verdad.

Una vez que has trascendido así los límites de tu mente, entonces te elevas a lo ilimitado.

¿Cuál es tu Verdadero Sí-Mismo? ¿Cuál es tu Ser Verdadero más allá del nacimiento y la muerte? Mientras no intentes comprender esto, toda tu vida, sin importar lo que hayas logrado, no tiene sentido ni valor.

Incluso si lo sabes todo sobre religión y filosofía, cuando llega el momento de tu muerte, no tiene ningún valor real, por lo que sigues estancado en el ciclo de nacimiento y muerte.

A través de una profunda comprensión de la naturaleza ilusoria y onírica de la vida y la impermanencia de todas las cosas, alcanzamos una ligereza interior liberadora.

Experimentamos que nuestras vidas se vuelven más conscientes, más significativas y nuestras relaciones más sinceras.

Manteniendo el sueño que llamas vida, permaneces atado al ciclo de existencia del nacimiento y la muerte. Pero también tienes la posibilidad de dejar de soñar y despertar.

Cuando te das cuenta de este estado del ser despierto y claro del infinito espacial que todo fusiona, no ves ni un mundo exterior ni una mente interior. Todo se fusiona en el vacío iluminador de la Mente Única.

En la experiencia de la iluminación ilimitada ya no existes. Porque tu personalidad ilusoria se disuelve completamente.

En este momento de talento tu Ser Verdadero brilla como el Ser puro e inmortal, más brillante que mil soles.

La liberación espontánea a través de la experiencia de tu Ser Verdadero original ocurre por la permanencia sin intención en la conciencia natural, intemporal, puro Ser-Así, tal como es, en un claro estado de espacio ilimitado.

Mantener esta claridad mental abierta y presente en todo es básico para experimentar tu naturaleza de Buda original.

Las olas no existen fuera del agua. De la misma manera, todos los seres aparecen siempre en la expansión original y abierta de la Mente sin estar nunca separados de ella.

La meditación nos pone en contacto con nuestro Verdadero Sí-Mismo, que al experimentar esta totalidad del Ser que todo lo abarca, son completamente uno con todo.

Esta experiencia de unidad del Ser es la base real de toda la verdadera compasión.

La vida humana es extremadamente preciosa, ya que es una maravillosa oportunidad para la realización de nuestro Ser Verdadero e inmortal.

Por lo tanto, vuelve tu conciencia hacia adentro y conoce tu Verdadero Sí-Mismo sin nacimiento y sin muerte, incluso antes de que el telón caiga en el escenario de la vida y la muerte para siempre.

En ningún lugar del mundo encontrarás la budei-
dad. Solo realizando tu Ser Verdadero y original
alcanzarás una Iluminación insuperable.

La gran Iluminación significa asumir directamente
la propia mente brillante y experimentar que el
Ser Verdadero de una persona es indestructible y
originalmente libre del nacimiento y la muerte.

La completa liberación de todos los conceptos y apegos y la disolución en la plenitud del Ser Divino es una experiencia y ocurre en el mismo momento.

Ahora, aquí, en este momento, justo donde estás, la realidad de tu Ser Verdadero sin nacimiento y sin muerte se está revelando. Así que, ¡involúcrate en ello, „ahora"!

Mientras sigas intentando comportarte de tal manera que satisfagas a los demás, siempre serás alguien distinto de quién realmente eres.

Como la suma de tus conceptos, no eres tú mismo, sino que estás ligado a las reacciones condicionadas de tu entorno.

Nuestra entrega a la Divinidad culmina en un vaciado radical del Sí-Mismo en el momento de la muerte mística.

En la búsqueda del Ser Divino, el buscador se pierde en sí. Por paradójico que parezca, solo podemos experimentar nuestro Verdadero Sí-Mismo cuando no queda nadie para experimentarlo.

Todo lo que es es fundamentalmente vacío y solo-mente. No hay ningún pensador detrás de los pensamientos, los cuales, en su rápida y compleja sucesión, dan la impresión de una conciencia continua. Pero esta impresión de continuidad es un engaño.

Los pensamientos se elevan del vacío y vuelven de nuevo al vacío.

平安清

Todas las dificultades han surgido solo a través del pensamiento discriminatorio. Pero cuando los pensamientos se disuelven, todos los problemas desaparecen, y la serenidad original de la mente se revela como tu Verdadera Naturaleza.

La verdadera paz significa estar libre de la compulsión del pensamiento discriminatorio. Una vez que has alcanzado esta paz interior, estás en paz en todas partes.

La Mente Única y la mente de uno mismo no son diferentes, sino un Ser único. Reconocer la naturaleza de la propia mente significa reconocer la verdadera naturaleza de la totalidad omnipresente del ser.

Cuando reconoces tu mente, así es la mente Buda. Pero si no la reconoces, es el delirio del ego. El Buda es real, pero el yo-engaño es una ilusión.

No te hagas esclavo de los sentimientos humanos. La conciencia de todos los Budas se revela donde termina todo pensamiento y sentimiento ordinario. En un momento de brillante y clara conciencia sin discriminación, aparece una gran sabiduría.

Cuando estás libre de afecto y aversión, estás libre de los deseos, y el pensamiento discriminatorio se detiene por sí mismo.

Esta serenidad espiritual de la clarividencia sin discernimiento de la mente hace que te liberes de los enredos mundanos y tu mente mora firmemente en la paz del Sí-Mismo.

El reflejo sereno de la Mente es una clara y no intencionada conciencia de Sí-Mismo en la pacífica quietud del no pensamiento.

Esta brillante y clara conciencia de Sí-Mismo, que no tiene pensamiento y por lo tanto no bloquea ni fabrica nada, es el estado puro de la mente. Es la conciencia original e iluminada de todos los Budas.

La Mente misma es por naturaleza completamente abierta y vacía. Por lo tanto, no hay nada que meditar conscientemente. Permanece así sin distracción en la abierta extensión de la no-meditación.

En este estado natural de conciencia sin propósito, se revela una dimensión más esencial y profunda del Ser, en la que se experimenta la Verdadera Naturaleza de la Mente.

Si quieres experimentar la realidad de tu Ser Verdadero, es absolutamente necesario que dejes atrás todas las ilusiones.

Pero el pensamiento de que ya has dejado atrás todas las ilusiones es la primera ilusión que hay que superar.

Cuando los pensamientos incorrectos se disuelven, la mente original aparecerá por sí misma.

Es como pulir un espejo; si has limpiado el polvo, todo es transparente y parece por sí sola la claridad inicial, brillante y resplandeciente.

Tu Ser Verdadero es de una pureza original y una claridad radiante. Es un estado atemporal, espontáneamente presente, de puro Ser y perfecta conciencia.

Cuando tu conciencia está completamente clara y desapegada y sin ningún punto de referencia, trasciendes tu pseudo-identidad personal condicionada por el engaño del ego y te experimentas a ti mismo como la inmensidad ilimitada de la Mente.

En la absoluta presencia del ahora, deja que tu conciencia se fusione en la inmensidad ilimitada de la Mente.

Sin rechazar los pensamientos o aceptarlos, reconoce que son la energía dinámica de la mente, y permanece relajado en el reflejo sereno de la Mente.

La preocupación y la ansiedad son una carga inútil en nuestras mentes y nos impiden experimentar nuestra naturaleza divina. Porque cuando la mente especulativa se alza, surgen la gran confusión y así los problemas. Por eso en el Zen se dice: libera tu mente de todo y te encontrarás en una claridad sin nubes y radiante.

Purifica tu mente de todo pensamiento dualista. Porque eres conciencia absoluta, pura, libre de todo apego. Solo tu pensamiento discriminatorio del „yo-adjunto" crea la ilusión.

Pero el sabio, en un instante, atraviesa la raíz del no-saber con la espada del conocimiento y así alcanza la liberación perfecta.

Te identificas con tu cuerpo mortal porque has perdido el contacto con tu Verdadero Sí-Mismo, que no conoce la muerte.

Pero olvídate de ti mismo y entrégate lleno de confianza al Ser Divino.

Entonces ya no habrá que temer a la muerte; al contrario, en el proceso de morir, el liberado de todas las identificaciones se uniría a la luz radiante de la Mente.

La verdad es que nuestro Verdadero Sí-Mismo, como eterna realidad sin tiempo de nuestro Ser Verdadero, nunca nació y nunca morirá.

Nuestro nacimiento no es el comienzo de la vida, ya que nuestro Ser Verdadero precede al nacimiento, es decir, „somos" la vida. Y si nuestro Ser Verdadero es antes del nacimiento, entonces también será después de la muerte.

No experimentas nada más que el mundo que corresponde a tu estado de consciencia, porque el mundo que estás experimentando es un reflejo de tus propias proyecciones. Tu creas tu propio mundo. Es decir, si tu consciencia es la de la visión dualista de la ilusión mental, experimentas el mundo dualista de aceptación y rechazo, y vives en un mundo de avaricia, odio e ilusión que te atrapa en tus propias proyecciones.

Solo desgarrando cada visión dualista con la afilada espada de la sabiduría sin discernimiento se revela la más alta verdad.

Cuando así, por el poder de la conciencia concentrada, despejas tu mente para unirte en lo más íntimo de tu ser con el Ser Divino, entonces la flor de la Mente Única florecerá repentinamente dentro de ti.

El despertado que ha borrado completamente la ilusión de un yo se convierte en el espejo en el que todos pueden reconocer su propia imagen divina.

En él, el único Sí-Mismo divino es el centro, cuyo misterioso campo de fuerza hace que el presentimiento de la Unidad interior cobre vida en nosotros.

Como tu Ser Verdadero no tiene forma, no puede ser captado porque es sobre todo percepción sensual y racional.

Pero el conocimiento supremo de una conciencia realizada entiende sin conocimiento todas las cosas y acepta sin percepción todas las cosas en su realidad esencial.

Si la mente no proyectara apariencias externas, entonces no tendríamos la ilusión del paso del tiempo. Porque la ilusión del espacio-tiempo es el resultado de las siempre cambiantes proyecciones de la mente.

En esta realización se libera de su apego a un mundo aparentemente real y objetivo, y ya no se involucra en reacciones a sus propias proyecciones.

Todo lo que percibes son solo apariencias de tu propia mente y, en consecuencia, la Mente misma.

Todo -cuerpo, mente y mundo- es meramente el juego de la Mente en el que, desde el cual, y a través del cual todas las cosas aparecen, se transforman y disuelven como en un sueño.

Buda es llamado el despertado. Deja de soñar y serás Buda.

El estado mental en el momento de la muerte es de vital importancia. Esto se debe a que los últimos movimientos de nuestra mente, como impulsos kármicos, conducen inevitablemente a la experiencia de un nuevo mundo, que es el espejo de nuestros impulsos kármicos.

Por lo tanto, en el momento de morir, es extremadamente importante estar en un estado mental tranquilo y claro, libre de identificación y apego.

Si tu conciencia descansa completamente relajada en la clara y abierta conciencia de la Mente, libre de pensamientos, la experiencia de fusionarse con una extensión ilimitada se establece.

Es un estado mental que se experimenta como una alegre claridad, sin distinción entre el interior y el exterior.

En el estado de quietud interior de la mente, los conceptos de la red de memoria de formación del ego de su pasado muerto se disuelven en la radiante claridad de la mente. Este es el verdadero camino Zen hacia la liberación.

Cuando todo pensamiento cese así de repente, experimentarás el estado de conciencia pura, y percibirás tu Ser Verdadero, brillando intensamente, hasta los cimientos.

La gloria del Ser Divino no es una dimensión inalcanzable, distante, de otro mundo, porque está aquí, ahora, justo donde tú estás.

En este momento, en este mismo lugar, la Realidad se está revelando. ¡Entra ahora de lleno en este momento! Esta es la auténtica y directa forma Zen de captar momentáneamente la realidad tal como es.

La realización de la pura autoconciencia disuelve todos los pensamientos discriminatorios en el vacío y permite que tu naturaleza Buda brille.

Cuando la luz divina se enciende así en el alma, la divinidad del mundo y de toda la vida se realiza y se actualiza.

El que ha despertado a la Verdadera Naturaleza de la Mente está más allá del nacimiento y la muerte, de modo que para él la cuestión del ser o no ser ha perdido su significado.

Como el que está enraizado en la realidad eterna del Tao, se convierte en una revelación del Tao en medio del mundo y alcanza la inmortalidad más allá de la muerte.

平安清

La vida pasa tan rápido como una hoja de otoño pasa ante la ventana.

En vista de este hecho innegable, todo hombre debe reconsiderar claramente su situación en la vida. Debería ser consciente de la insignificancia de sus esfuerzos y deseos mundanos frente a su propia e inevitable mortalidad.

El gran vacío en el budismo: „Shunyata" es la perfección de la plenitud de la Nada Divina. Es la realidad absoluta en la que no hay ni falta ni abundancia, sino solo un eterno y dichoso silencio en el que toda la actividad descansa.

Todo lo que los sentidos y la mente son capaces de captar es la falacia de la mente y por lo tanto una ilusión. La realidad está más allá de lo perceptible y está completamente libre de egoísmo y dualidad. Es el ser más íntimo de todos, el único Sí-Mismo eterno.

Tu Verdadero Sí-Mismo no depende de nada,
no se apoya en nada que sea diferente de él,
porque no tiene otra causa que él mismo, porque
no hay nada más que él mismo.

Toda multiplicidad es una ilusión. Solo hay un
Ser, la Mente Única, junto a la cual no existe nada
más. Ella es la única realidad en el fondo más
profundo de todos los seres vivientes y las cosas.

Si tu mente está completamente presente y clara en el estado de quietud interior de la Mente, te darás cuenta de tu Verdadero e inmortal Ser presente aquí en la eternidad atemporal del Ahora.

Esta permanencia involuntaria en la tranquila claridad de la mente, en la que te sumerges devotamente en la no diferenciación de la Realidad suprema, es la verdadera oración.

No hay una Iluminación gradual, sino solo un repentino despertar a la realidad de nuestro Ser Verdadero sin nacimiento y sin muerte.

El momento de la gran experiencia de la Iluminación es como el florecimiento de la flor de loto. Es como el repentino despertar de un soñador.

Tu Verdadero Sí-Mismo inmortal es la luz radiante de la Mente que disuelve toda la oscuridad y la ilusión.

En el momento del despertar, las nubes oscuras del pensamiento discriminante desaparecen y la Mente brilla con una inmensa vastedad y vacío. En esta experiencia el universo entero gira alrededor de sí mismo y aparece un reino del Ser completamente diferente.

En verdad, nada existe excepto la indivisible y absoluta conciencia experimentada como pura conciencia en la eternidad atemporal del Ahora.

No hay ni nacimiento ni muerte, ni esclavitud ni liberación, sino solo la unificada y omnipresente realidad de la Mente Única, que es su Ser Verdadero original.

La presencia perpetua del Verdadero Sí-Mismo divino dentro de ti significa que puede convertirse para ti en una experiencia viviente propia en la absorción mística.

Lo esencial es una fe inquebrantable en la pureza original de la Mente.

En su no-restricción llena eternamente y de forma radiante todo el universo.

La más alta realización espiritual es el abandono del propio ego en completa entrega a la inmutable y absoluta Realidad.

Porque solo cuando la ilusión de un ego se extingue completamente, la luz de tu Verdadero Sí-Mismo divino se revela en tu corazón. Será como si el sol estallara radiantemente después de un eclipse.

El que despierta en la experiencia de la Iluminación a la realidad sin nacimiento y sin muerte de su Verdadero Sí-Mismo se experimenta como no nacido e inmortal y como la eternidad misma. Ha atravesado el muro del nacimiento y la muerte y ha regresado a la fuente de todo Ser, la fuente eterna de toda la vida.

Pie de imprenta

Primera edición 2021

Título original "Die strahlende klarheit des Geistes"
publicado por Spirit Rainbow Verlag, Aachen, Alemania 2021

Idea y diseño original: Verena Kopp
Edición de imágenes: Reinhard Zanella, Sandro Hölzel
Traducción: Ignacio Vega:
Maquetación: Reinhard Zanella
Diseño de la cubierta: Michel Schmidt
Foto de la contraportada: Axel Jung

Producción y publicación:
© 2021, Zensho W. Kopp
Herstellung und Verlag:
BoD – Books on Demand, Norderstedt

ISBN 9783755740216

Zensho W. Kopp, nacido en 1938, es uno de los maestros espirituales más autorizados de la actualidad y enseña una vía contemporánea de realización espiritual.

Autor de renombre internacional y con numerosos libros espirituales y audiolibros, enseña a una gran comunidad de estudiantes y dirige el centro Zen Tao Chan en Wiesbaden, Alemamia.

Tao Chan Zentrum e.V., Asociación sin ánimo de lucro, Wiesbaden, Alemamia.

Velada Zen abierta al público: dos veces al mes, el Centro Zen Tao Chan de Wiesbaden organiza una velada Zen abierta al público bajo la dirección del Maestro Zen Zensho W. Kopp, en la que puede participar cualquier persona interesada.

Información e inscripción: **www.tao-chan.org/es** así como **www.facebook.com zensho.w.kopp** y vídeos de Zensho **www.tao-chan.org/es/youtube**

Otros libros de Zensho W. Kopp

124 páginas, 16,50 €

ISBN 9783751972611

212 páginas, 9,95 €

ISBN 9783753461304

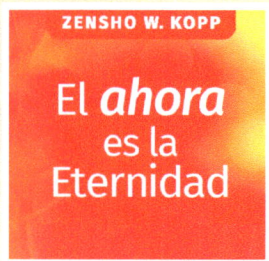

114 páginas, 9,80 €

ISBN 9783755740209

120 páginas, 9,95 €

ISBN 9783744895392

El poder del silencio interior	104 páginas	ISBN 9783752670851	9,80 €
Las Iluminadas Dimensiones de lo Divino	140 páginas	ISBN 9781490311883	10,50 €
La vida verdadera mediante el ZEN	140 páginas	ISBN 9783744894036	10,99 €
El Despertar al Verdadero Si Mismo	140 páginas	ISBN 9783746010298	11,99 €
Vida desde la plenitud interior	116 páginas	ISBN 9783751959209	9,80 €

Todas las publicaciones de Zensho pueden encontrarse y adquirirse aquí:

www.tao-chan.org/es/

Créditos de las fotos

123rf

1. De Nikolay Mossolaynen – Imagen nº 112957816
2. De Maryna Sokolyan – Imagen nº 131949281
3. De Alexey Burmakin – Imagen nº 35587376
4. De mpmpya – Imagen nº 43815327
5. De mpmpya – Imagen nº 43815385
6. De mpmpya – Imagen nº 43815430
7. De mpmpya – Imagen nº 46657210
8. De mpmpya – Imagen nº 46657429
9. De Kseniia Pasynkova – Imagen nº 51289110
10. De zzvet – Imagen nº 57217736
11. De rie0914 – Imagen nº 63151440
12. De zenina – Imagen nº 67562976
13. De seita – Imagen nº 68300625
14. De rie0914 – Imagen nº 77105723
15. De Masaaki Abe – Imagen nº 80369415
16. De Tetiana Syrytsyna – Imagen nº 81759724
17. De matriyoshka – Imagen nº 86249534
18. De Maksim Borzdov – Imagen nº 99415555

AdobeStock

1. De leshabu – Imagen nº 31349372
2. De Siam Vector – Imagen nº 355259703

istockphoto

1. De hpkalyani – Imagen nº 165749758
2. De yangzai – Imagen nº 469765051
3. De Elinalee – Imagen nº 684450764
4. De sarun rodjanaudomwuttikul
   – Imagen nº 964955554

shutterstock

1. De Siam Vector – Imagen nº 1092842255
2. De Yumeee – Imagen nº 1137067043
3. De Gluiki – Imagen nº 1169834995
4. De Phoebe Yu – Imagen nº 1247696755
5. De Nezabudkina – Imagen nº 430915579
6. De Yumeee – Imagen nº 758755327

FSC

www.fsc.org

MIX

Papier aus ver-
antwortungsvollen
Quellen

Paper from
responsible sources

FSC® C105338